BEI GRIN MACHT SICH IHR WISSEN BEZAHLT

AF145760

- Wir veröffentlichen Ihre Hausarbeit,
  Bachelor- und Masterarbeit

- Ihr eigenes eBook und Buch -
  weltweit in allen wichtigen Shops

- Verdienen Sie an jedem Verkauf

Jetzt bei www.GRIN.com hochladen und kostenlos publizieren

Bibliografische Information der Deutschen Nationalbibliothek:

Die Deutsche Bibliothek verzeichnet diese Publikation in der Deutschen National-
bibliografie; detaillierte bibliografische Daten sind im Internet über http://dnb.d-
nb.de/ abrufbar.

Impressum:

Copyright © 2017 GRIN Verlag
Druck und Bindung: Books on Demand GmbH, Norderstedt Germany
ISBN: 9783668641266

Dieses Buch bei GRIN:

https://www.grin.com/document/412940

Lasse Gohlke

Deutschland: Eine postrassistische Gesellschaft?

Untersuchung vor dem Hintergrund der Auseinandersetzung mit der nationalsozialistischen Vergangenheit

GRIN Verlag

GRIN - Your knowledge has value

Der GRIN Verlag publiziert seit 1998 wissenschaftliche Arbeiten von Studenten, Hochschullehrern und anderen Akademikern als eBook und gedrucktes Buch. Die Verlagswebsite www.grin.com ist die ideale Plattform zur Veröffentlichung von Hausarbeiten, Abschlussarbeiten, wissenschaftlichen Aufsätzen, Dissertationen und Fachbüchern.

Besuchen Sie uns im Internet:

http://www.grin.com/

http://www.facebook.com/grincom

http://www.twitter.com/grin_com

Lasse Gohlke

Deutschland: Eine postrassistische Gesellschaft?

Untersuchung vor dem Hintergrund der Auseinandersetzung mit der nationalsozialistischen Vergangenheit

Facharbeit

im Rahmen des Seminarfachs *Rassismus*

(Schuljahr 2016/17, 2. Semester)

Ausgabedatum: 01.02.2017

Abgabedatum: 15.03.2017

Inhaltsverzeichnis

1. Einleitung

1.1 Warum Postrassismus in Deutschland?

In meiner wissenschaftlichen Arbeit *Rassismus in den USA heute. Sind die USA noch immer eine „White-Privilege"-Gesellschaft, in der institutionelle Diskriminierung von Schwarzen durch die Polizei stattfindet?* habe ich mich schon eingehend mit dem Thema Rassismus beschäftigt. Dabei bin ich im Zuge meiner Recherche auf einen neuen Bereich der Rassismusforschung gestoßen. Dieser setzt sich mit dem sogenannten Postrassismus auseinander. Dabei wird unter anderem die Idee einer postrassistischen Gesellschaft untersucht. Die Forschungen und Artikel, die ich fand bezogen sich jedoch nur auf die USA, im Kontext der Wahl des letzten US-Präsidenten Barack Obama[1] und der in den letzten Jahren diskutierten Fälle von Tötungen Schwarzer durch die US-Polizei.[2]

In dieser Arbeit möchte ich mich nun der Frage widmen, ob Deutschland eine postrassistische Gesellschaft ist und dies vor dem Hintergrund der Auseinandersetzung mit der nationalsozialistischen Vergangenheit untersuchen.

1.2 Hinführung zum Thema

Heute ist die Erinnerung vieler Menschen an den Nationalsozialismus verblasst. Einige beschweren sich sogar, noch immer eine Schuld tragen zu müssen, an einem Teil der Geschichte, auf den sie selbst keinerlei Einfluss hatten.[3] Ebenso sind es mittlerweile große Teile der Jugendlichen leid, immer auf Kommando betroffen sein zu müssen.[4]

---

1 Martin Klingst: *Das post-rassistische Zeitalter ist noch fern* (Zeit Online). URL: http://www.zeit.de/politik/ausland/2009-09/obama-rassismus-usa (12.03.17).
2 Marc Pitzke: *Obama und Ferguson-Unruhen* (Spiegel Online). URL: http://www.spiegel.de/politik/ausland/barack-obama-und-die-unruhen-in-ferguson-der-gehemmte-us-praesident-a-987043.html (12.03.17).
3 Jan Jetter: *NS-Zeit thematisieren? „Nicht schon wieder..."* (Zeit Online). URL: http://blog.zeit.de/stoerungsmelder/2007/11/22/ns-zeit-thematisieren-nicht-schon-wieder_118 (12.03.17).
4 Christian Staas: *Was geht mich das noch an?* (Zeit Online).

Kann die immer noch fortlaufende Konfrontation der Deutschen mit der Schuld am Holocaust, sowie die stetige Bearbeitung des Themas Nationalsozialismus das Gefühl vermitteln, mit der NS-Vergangenheit und dem Thema Rassismus abgeschlossen zu haben? Resultiert hieraus vielleicht auch ein mangelndes Bewusstsein für Rassismus, das Rassismus ungehindert und unbemerkt entstehen lässt?

Sollte nicht eher eine kritische Auseinandersetzung damit stattfinden, dass man sich Rassismus besser bewusst machen muss, um jeglicher Form des Rassismus entgegenzuwirken?

Diese Fragen möchte ich in meiner Arbeit wissenschaftlich behandeln und dabei klären, ob Postrassismus in der Gesellschaft eines ganzen Landes überhaupt möglich ist.

2. Definitionen und Erläuterungen

2.1 Rassismus und Vorurteile

Der Begriff Rassismus ist in Deutschland eng mit dem Nationalsozialismus verknüpft und auch deshalb ein schwer zu definierender Begriff. Die in Bayern geborene kontroverse Anti-Rassismus Aktivistin und Publizistin Noah Sow schreibt in ihrem Buch *Deutschland Schwarz Weiss*: „Rassismus ist nicht erst die negative Reaktion auf einen angeblichen Unterschied, sondern bereits die Behauptung des Unterschieds"[5]. Würde man Sows Definition für Rassismus anwenden so wäre jeder, der auch nur Vorurteile gegenüber anderen Menschen hätte rassistisch. Jedoch ist, um „rassistische Diskriminierung nicht zu banalisieren"[6] und eine „Auseinandersetzung mit gegenwärtigem Rassismus im gesellschaftlichen Alltag"[7] zu ermöglichen, „der Rassismusbegriff von

---

URL: http://www.zeit.de/2010/45/Erinnern-NS-Zeit-Jugendliche/komplettansicht (12.03.17).
5 Sow, *Deutschland Schwarz Weiss*, S. 78.
6 Messerschmidt, *Postkoloniale Erinnerungsprozesse*, S. 43.
7 Messerschmidt, *Rassismusanalyse*, S. 63.

Beschreibungen des Vorurteils abzugrenzen"[8], so die Professorin für Erziehungswissenschaften Astrid Messerschmidt in *Postkoloniale Erinnerungsprozesse in einer postnationalsozialistischen Gesellschaft* und *Rassismusanalyse in einer postnationalsozialistischen Gesellschaft*. Die Professorin für Soziologie Anja Weiß, macht in ihrem Buchbeitrag *Antirassistisches Engagement und strukturelle Dominanz* ebenfalls deutlich, warum Rassismus von einfachen Vorurteilen abzugrenzen ist:

> *Rassismus ist nicht einfach ein Vorurteil, ein Gefühl, eine böse Absicht. Besser lässt sich Rassismus als ein ungleichgewichtiger Konflikt zwischen gesellschaftlichen Gruppen bezeichnen.*[9]

Es wird also eine logische Schlussfolgerung, dass die Trennung von Rassismus und Vorurteilen für eine gutes Verständnis von Rassismus wichtig ist. Jeder Mensch hat Vorurteile, wichtig ist jedoch, wie man mit ihnen umgeht und, dass man ein Bewusstsein für den Unterschied des Ver- und Beurteilens von Menschen hat. Beurteilt man einen Menschen unter Miteinbeziehung von Vorurteilen, ist sich jedoch bewusst, dass es nicht richtig ist einen Menschen auf dieser Basis zu bewerten, dann ist das nicht verwerflich. Ist man sich dessen aber nicht bewusst und verurteilt einen Menschen beispielsweise nur wegen seiner Herkunft, dann ist das rassistisch.

2.2 Was ist Rassismus?

Der Begriff „Rasse" steht in Deutschland meist im Zusammenhang mit der NS-Zeit. Wer Menschen heutzutage in verschiedene „Rassen" einteilt macht sich damit sofort und eindeutig zum Rassisten. Der in Jamaika geborene britische Sozialwissenschaftler Stuart Hall vertritt einen Theorieansatz des „Rassismus ohne Rassen"[10], also eines Rassismus, der sich nicht zwingend nur gegen eine bestimmte „Rasse" richten muss. Laut Hall ist Rassismus eine

---

8 Ebd.
9 Weiß, *Antirassistisches Engagement und strukturelle Dominanz*, S. 278.
10 Siehe auch Balibar/Wallerstein, *Rasse Klasse Nation*.

„soziale Praxis, bei der körperliche Merkmale zur Klassifizierung bestimmter Bevölkerungsgruppen benutzt werden"[11]. Hall betont außerdem: „‚Rasse' existiert nicht, aber Rassismus kann in sozialen Praxen produziert werden"[12]. Dieser „Rassismus ohne Rassen" wird kultureller Rassismus genannt. Die jeweilige Bedeutung von „Kultur fungiert dabei als ‚flexibler Maßstab', der immer wieder (...) von denen festgesetzt wird, die eine Definitionsmacht über die identifizierte Minderheit beanspruchen"[13], so Astrid Messerschmidt. Um nicht als rassistisch bezeichnet zu werden, wird heutzutage meist der Terminus Kultur verwendet, um angebliche Eigenschaften einer Gesellschaft zu beschreiben. Zudem wird es durch diesen Begriff möglich, Menschen zu kategorisieren und aufgrund ihrer Kultur zu stigmatisieren.

Ebenfalls als wichtig erachte ich die Rassismusdefinition des Historikers Kijan Espahangizi u. a., da sie deutlich macht, dass Rassismus vielseitig und veränderbar ist:

> *Rassismus ist ein gesellschaftliches Verhältnis der Fremdmachung, das Menschen in hierarchische Beziehungen zueinander setzt. Dieses Verhältnis wird immer wieder durch die Aktualisierung eines rassistischen Wissens neu begründet(...).[14]*

Aus der von Hall genannten „Produktion von Rassismus in sozialen Praxen"[15] kann man schlussfolgern, dass dieser verschieden produzierbar ist. Gleichzeitig ergibt sich aus der Definition von Espahangizi u. a., dass sich Rassismus auch durch eine von „Aktualisierung"[16] weiterentwickeln kann.

Dieser Aspekt der Veränderbarkeit von Rassismus ist wichtig, da er verdeutlicht, dass Rassismus in verschiedenen Formen, also verschiedenen „Rassismen"[17] auftreten kann.

---

11 Hall, *Rassismus als ideologischer Diskurs*, S. 913.
12 Ebd.
13 Messerschmidt, *Rassismusanalyse*, S. 64.
14 Espahangizi u. a., *Rassismus in der postmigrantischen Gesellschaft*, S. 11.
15 Vgl. Hall, *Rassismus als ideologischer Diskurs*, S. 913.
16 Espahangizi u. a., *Rassismus in der postmigrantischen Gesellschaft*, S. 11.
17 Vgl. Messerschmidt, *Rassismusanalyse*, S. 69.

Das macht deutlich, dass es eben nicht die eine passende Rassismusdefinition gibt. Denn jede Definition ist in einem bestimmten Kontext besser anwendbar, als in einem anderen.

Der Professor für Soziologie Wulf D. Hund hat eine vor allem im heutigen Kontext gut anwendbare Definition für Rassismus formuliert:

> *[Rassismus, L. G.] postuliert unterschiedliche Grade des Menschseins, die sich an einer verabsolutierten kulturellen Skala ablesen lassen sollen und für die natürliche Unterschiede zwischen verschiedenen Gruppen von Menschen verantwortlich gemacht werden. Diese müssen deswegen (...) ihr minderes Menschsein verkörpern, was sich (…) ihren Körpern in der Regel nicht ohne Weiteres ansehen lässt. (…) [Rassismus, L. G.] behauptet (…) den (…) sichtbaren Beweis für die Verbindung klassifizierbarer erblicher biologischer Besonderheiten mit Unterschieden des kulturellen Vermögens gefunden zu haben.*[18]

2.3 Was ist Postrassismus?

Sucht man im Internet nach einer Definition für die Wörter „Postrassismus" oder „postrassistisch" wird man nicht fündig. Sucht man jedoch nach einer Definition für „post-racial" findet man unter anderem einen Eintrag im Oxford Dictionary, in dem folgende Definition steht: „Denoting or relating to a period or society in which racial prejudice and discrimination no longer exist"[19]. Postrassistisch bezieht sich also auf eine Zeit/Dauer oder Gesellschaft, in der rassistische Nachteile und Diskriminierung nicht länger existieren.[20]

3. Auseinandersetzung mit der NS-Vergangenheit nach 1945

Nach dem Ende des Zweiten Weltkriegs in Europa und der Teilung Deutschlands in die verschiedenen Besatzungszonen hatten die Siegermächte das Ziel einer politischen Säuberung Deutschlands,

---

18 Hund, *Rassismus*, S. 12-15.
19 o. V.: post-racial (o. D.), In: *Oxford Dictionaries*.
   URL: https://en.oxforddictionaries.com/definition/us/post-racial (12.03.17).
20 Übersetzung von Lasse Gohlke

um den Nationalsozialismus aus den Köpfen der Menschen zu tilgen. Der Historiker Michael Wildt thematisiert in dem Artikel *Verdrängung und Erinnerung* die Entnazifizierung in Deutschland. Laut Wildt ließen die Amerikaner in ihrer Besatzungszone ca. 13 Millionen Fragebögen mit 131 Fragen austeilen, von denen jedoch nur wenige bearbeitet werden konnten.[21] Denn zunächst sollten die Minderverdächtigen vom Vorwurf der Mittäterschaft freigesprochen werden, weshalb die Fälle der Hauptverdächtigen meist aufgeschoben wurden.[22] Das bewirkte jedoch, wie Wildt betont, nach einiger Zeit das Gegenteil, denn als die Fälle der Hauptverdächtigen hätten bearbeitet werden müssen „erschien die Praxis der Entnazifizierung im sich verschärfenden Kalten Krieg (…) nicht mehr so wichtig"[23]. Da die Deutschen jeweils Bündnispartner werden sollten, sah man sie nicht mehr als Gegner an, weshalb selbst Hauptschuldige in den Prozessen milde Urteile erhielten.[24] Durch unter ehemaligen Nationalsozialisten gegenseitig ausgestellte Entlastungszeugnisse wurde die geplante politische Säuberung zu einer „Weißwäsche für ehemalige Mittäter und Mitläufer"[25], so Wildt.

Gesellschaftlich ist die von der Historikerin Annegret Ehmann und dem Professor für Sozialkunde Hanns-Fred Rathenow im Beitrag *Nationalsozialismus und Holocaust in der historisch-politischen Bildung* beschriebene Re-education wichtig. Durch die Re-education sollte dafür gesorgt werden, dass insbesondere aus den Köpfen der zuvor vom NS-Regime instrumentalisierten Jugend die nationalsozialistische Ideologie getilgt werden würde.[26] Bis zum Beginn des kalten Krieges wurde diese Praxis in der amerikanischen und sowjetischen Besatzungszone ähnlich umgesetzt, indem Lehrer

---

21 Vgl. Wildt, *Verdrängung und Erinnerung*, S. 70.
22 Vgl. Ebd.
23 Ebd.
24 Vgl. Ebd.
25 Ebd.
26 Vgl. Annegret Ehmann/Hanns-Fred Rathenow: *Nationalsozialismus und Holocaust* (Lernen aus der Geschichte). URL: http://lernen-aus-der-geschichte.de/Lernen-und-Lehren/content/8166 (12.03.17).

und Beamte in diesen Bereichen ersetzt oder umgeschult wurden.[27] Diese Generation sollte der erste Teil der neuen Gesellschaft sein, die sie von der NS-Ideologie befreit sein würde.[28]

Andreas Grau, Regina Haunhorst und Markus Würz beschreiben in einem Überblick über die Geschichte Deutschlands ebenfalls die Entnazifizierung in den verschiedenen Besatzungszonen. Laut Grau, Haunhorst und Würz nehmen Briten und Franzosen „die Entnazifizierung vor allem nach pragmatischen Gesichtspunkten vor: Der Wiederaufbau von Verwaltung und Wirtschaft hat Vorrang vor der politischen Überprüfung"[29]. Laut Wildt entließen die Briten nur Spitzenbeamte aufgrund ihrer Verbindung zum NS-Regime und behielten ansonsten die alten Funktionäre der Institutionen wie beispielsweise des Polizeiapparates und Verwaltungssektors bei.[30]

In der sowjetischen Besatzungszone tauschte man nahezu alle Beamten aus.[31] Außerdem wurde „der Verwaltungsapparat stärker von Nationalsozialisten gesäubert als in den Westzonen"[32], konstatiert Wildt. So wurden, wie Grau bilanziert, bis 1949 ca. 520.000 Menschen, die in Verbindung mit dem NS-Regime standen entlassen und durch Anhänger des eigenen sozialistischen Regimes ersetzt.[33] Viele der mit dem NS-Regime in Verbindung gebrachten, sowie andere politische Gegner wurden zudem in sogenannten „Speziallagern" inhaftiert.[34] So sollte sichergestellt werden, dass der Bereich des öffentlichen Lebens vom Nationalsozialismus gänzlich gereinigt sei und einer weiteren Verbreitung der faschistischen Ideologie in der Gesellschaft vorgebeugt werden. Aber wie auch in den westlichen Besatzungszonen ging auch in der sowjetischen die

---

27 Vgl. Ebd.
28 Vgl. Ebd.
29 Ebd.
30 Vgl. Wildt, *Verdrängung und Erinnerung*, S. 70.
31 Vgl. Ebd.
32 Ebd.
33 Vgl. Annegret Ehmann/Hanns-Fred Rathenow: *Nationalsozialismus und Holocaust* (Lernen aus der Geschichte). URL: http://lernen-aus-der-geschichte.de/Lernen-und-Lehren/content/8166 (12.03.17).
34 Vgl. Ebd.

strafrechtliche Verfolgung der NS-Verbrecher nach 1950 zurück.[35]

In den 1950er Jahren begann die in dem Vortrag *Die Auseinandersetzung Deutschlands mit dem Nationalsozialismus nach 1945* von Peter Brandt beschriebene Phase der „Schlussstrichmentalität"[36]. Nach der Gründung der BRD und mit dem dort weitgehenden Übergang der Justiz zurück in die Verantwortung der deutschen Behörden nahm die konsequente Verfolgung der NS-Verbrechen laut Brandt rasch ab.[37] „Man begnügte sich damit, dass die Hauptverantwortlichen tot oder abgeurteilt worden waren. Der eigenen Verantwortung bzw. der eigenen Mittäterschaft stellte sich diese Generation kaum"[38], so beschreibt die Sozialwissenschaftlerin Sabine Moller den Umgang mit der NS-Vergangenheit zu dieser Zeit sehr treffend in einem Artikel für die Bundeszentrale für politische Bildung.

Laut des Historiker Peter Brandt begann die gezielte Aufarbeitung der NS-Vergangenheit in Westdeutschland 1958 Gründung der Zentralstelle zur Aufklärung der NS-Verbrechen und dem Auschwitz-Prozess 1961, zu dem die Zentralstelle zur Aufklärung der NS-Verbrechen 1959 zu ermitteln begonnen hatte.[39] Während dieser Ereignisse in der BRD um die 1960er Jahre stellte sich die DDR weiterhin als den konsequent Antifaschistischen Staat dar.[40] Man setzte sich politisch mit der nationalsozialistischen Vergangenheit

---

35 Vgl. Wildt, *Verdrängung und Erinnerung*, S. 70.
36 Peter Brandt: *Auseinandersetzung Deutschlands mit dem Nationalsozialismus* (GlobKult Magazin).
   URL: http://www.globkult.de/geschichte/zeitgeschichte/479-die-auseinandersetzung-deutschlands-mit-dem-nationalsozialismus-nach-1945 (12.03.17).
37 Vgl. Ebd.
38 Sabine Moller: *Familiengedächtnis und NS-Vergangenheit* (bpb.de).
   URL: http://www.bpb.de/geschichte/zeitgeschichte/die-wohnung/196963/familiengedaechtnis-und-ns-vergangenheit-in-deutschland#footnode14-14 (12.03.17).
39 Vgl. Peter Brandt: *Auseinandersetzung Deutschlands mit dem Nationalsozialismus* (GlobKult Magazin).
   URL: http://www.globkult.de/geschichte/zeitgeschichte/479-die-auseinandersetzung-deutschlands-mit-dem-nationalsozialismus-nach-1945 (12.03.17).
40 Vgl. Ebd.

auseinander, indem man einen extremen Gegenpol dazu bildete.[41] Laut Brandt nahm die Auseinandersetzung mit der NS-Vergangenheit in der BRD ab diesem Punkt stetig zu.[42] Nach dem Fall der Mauer 1989 weitete sich diese Entwicklung auf ganz Deutschland aus.[43] Das Gedenken an die NS-Verbrechen wurde immer wichtiger und zeigte sich beispielsweise durch zahlreiche Gedenkstätten, vor allem an Orten des nationalsozialistischen Terrors, sowie in vielen Filmen und Büchern.[44] Außerdem legte man viel Wert auf die Auseinandersetzung in Politik, die auch die genaue Bearbeitung in der Schule veranlasste.[45]

4. Deutschland und die NS-Vergangenheit heute

4.1 Rassismus = Antisemitismus?

Damit den nachfolgenden Kapiteln besser zu folgen ist, möchte ich vorab noch auf die wichtige und oft nicht beachtete Unterscheidung zwischen Antisemitismus und Rassismus eingehen.

Die „rassistische Politik des NS-Regimes"[46] kostete ca. sechs Millionen Juden, Hunderttausende Sinti und Roma, Behinderte und Kranke das Leben.[47] Es gab in der Ideologie des Nationalsozialismus also viele Rassismen. Doch im Hauptfokus des Gedenkens steht noch immer die im Holocaust von den Nationalsozialisten systematisch ermordete jüdische Bevölkerung. Die Auseinandersetzung mit dem Nationalsozialismus fand und findet hauptsächlich in Bezug auf den Antisemitismus statt. Daraus resultiert eine Reduzierung des Antisemitismus auf die rassistische

---

41 Vgl. Ebd.
42 Vgl. Ebd.
43 Vgl. Annegret Ehmann/Hanns-Fred Rathenow: *Nationalsozialismus und Holocaust* (Lernen aus der Geschichte). URL: http://lernen-aus-der-geschichte.de/Lernen-und-Lehren/content/8166 (12.03.17).
44 Vgl. Wildt, *Verdrängung und Erinnerung*, S. 77.
45 Wolfgang Sander: *Von Anfang bis PISA* (bpb.de). URL: http://www.bpb.de/gesellschaft/kultur/politische-bildung/193808/1945-bis-heute-von-anfang-bis-pisa?p=all (12.03.17).
46 Wildt, *Verdrängung und Erinnerung*, S. 68.
47 Vgl. Ebd.

Politik der Nationalsozialisten, wodurch Rassismus und Antisemitismus oft eine gleiche Bedeutung zugeschrieben wird. Genau in diesen beiden Punkten liegt die Problematik des fälschlichen Verständnisses von Antisemitismus und Rassismus zugrunde. Weder sind Rassismus und Antisemitismus nur Probleme der NS-Zeit[48], noch kann man Antisemitismus mit Rassismus gleichsetzen. Man kann jedoch Antisemitismus nach den oben genannten Rassismusdefinitionen als eine Form des Rassismus bezeichnen.[49]

4.2 Auseinandersetzung und Umgang mit NS-Vergangenheit und Rassismus heute

Bis heute ist die kritische und genaue Auseinandersetzung mit den Nachwirkungen der „Rassismen"[50] der NS-Vergangenheit ausgeblieben. „Antisemitismus wird in der bundesdeutschen Öffentlichkeit und im Bildungswesen vorwiegend als etwas wahrgenommen, das mit der NS-Vergangenheit zusammenhängt und eben mit dieser auch vergangen ist"[51]. Diese These von Astrid Messerschmidt kann man parallel auch in Bezug auf Rassismus anwenden. In Deutschland steht der Topos Rassismus für die „historisch einmalige Unmenschlichkeit des Nationalsozialismus"[52], wird behandelt, wie ein Tabu[53] oder meist nur auf vereinzelte gesellschaftliche Gruppen wie Rechtsextremisten bezogen.[54] Weil man als Deutscher deshalb auch „kaum etwas so sehr fürchtet, wie die Diagnose rassistisch zu sein"[55] resultiert daraus eine Abwertung des Rassismus.[56] Rassismus wird also weniger ernst genommen.

---

48 Vgl. Messerschmidt, *Rassismusanalyse,* S. 68.
49 Vgl. Kapitel 2.2.
50 Messerschmidt, *Rassismusanalyse,* S. 69.
51 Messerschmidt, *Postkoloniale Erinnerungsprozesse,* S. 42f.
52 Müller, *Anti-rassistische Pädagogik,* S. 361.
53 Vgl. Messerschmidt, *Rassismusanalyse,* S. 68.
54 Vgl. Espahangizi u. a., *Rassismus in der postmigrantischen Gesellschaft,* S. 11.
55 Messerschmidt, *Postkoloniale Erinnerungsprozesse,* S. 43.
56 Vgl. Espahangizi u. a., *Rassismus in der postmigrantischen Gesellschaft,* S. 11.

Paul Mecheril stellt in einem Artikel für die Zeitschrift *Überblick* die These auf, dass eine „Normalität des Rassismus"[57] in der deutschen Gesellschaft vorliege.[58] Diese Form des Rassismus würde jedoch von der Mehrheit der Gesellschaft nicht als Rassismus bezeichnet werden,[59] sondern meist euphemistisch durch Begriffe, wie „Ausländerfeindlichkeit" oder „Fremdenhass" ersetzt werden.

In der deutschen Gesellschaft gibt es also Rassismus. Er liegt nur in aktualisierter, bzw. reproduzierter Form vor.[60] „Nach dem NS ist ein biologisch begründeter Rassismus diskreditiert und hat eine Leerstelle zurückgelassen, die vom Kulturalismus [=kultureller Rassismus, L. G.] besetzt wird"[61], betont Astrid Messerschmidt. Dabei wird einfach die „Behauptung kultureller Unvereinbarkeiten zwischen Bevölkerungsgruppen"[62] vorgeschoben, wodurch es möglich wird, „Rassismus unsichtbar werden zu lassen, ihn gar für überwunden halten zu können und sich doch der im rassistischen Diskurs herausgebildeten Vorstellung von den Identitäten Anderer zu bedienen"[63].

Daraus kann man folgern, dass es der deutschen Gesellschaft eines kritischen Bewusstseins für Rassismus mangelt. Dieses mangelnde Bewusstsein ist ein Resultat der bis heute meist nur vor dem Hintergrund der nationalsozialistischen Vergangenheit stattgefundenen Auseinandersetzung mit Rassismus. Erst seit kurzem findet in der deutschen Rassismusforschung eine vermehrte Auseinandersetzung mit Rassismus auch im Kontext des Kolonialismus, sowie Imperialismus statt.[64] Die auf den Nationalsozialismus beschränkte Auseinandersetzung hatte und hat eine Verdrängung des Rassismus in die Vergangenheit zur Folge.[65]

---

57 Mecheril, *Normalität des Rassismus*, S. 3.
58 Vgl. Ebd.
59 Vgl. Messerschmidt, *Postkoloniale Erinnerungsprozesse*, S. 43.
60 Vgl. Hall, *Rassismus als ideologischer Diskurs,* S. 913; Vgl. Espahangizi u. a., *Rassismus in der postmigrantischen Gesellschaft*, S. 11.
61 Messerschmidt, *Postkoloniale Erinnerungsprozesse*, S. 43.
62 Ebd.
63 Ebd.
64 Vgl. Messerschmidt, *Rassismusanalyse*, S. 62f.
65 Vgl. Kapitel 3.3.

Gleichzeitig suggeriert diese beschränkte Art der Auseinandersetzung ein Gefühl des Abschließens mit Rassismus und damit das Empfinden einer postrassistischen Gesellschaft.[66] Dieses Empfinden ist verantwortlich für die alltägliche Banalität eines unsichtbaren Rassismus in der deutschen Gesellschaft.[67] Laut Kijan Espahangizi u. a. verschlimmert sich dieses Problem immer weiter. Denn je länger die Gesellschaft sich als vermeintlich postrassistisch definiert, desto weiter entfernt sie sich auch von der Fähigkeit ein Bewusstsein für Rassismus entwickeln zu können.[68] Parallel dazu wird es auch immer komplizierter „die fortlaufende (strukturelle) Existenz von Rassismus und die Notwendigkeit von wirksamen Mechanismen und Maßnahmen dagegen zu artikulieren"[69], insinuieren Espahangizi u. a. im Artikel *Rassismus in der postmigrantischen Gesellschaft*.

5. Fazit und Diskussion

5.1 Deutschland eine postrassistische Gesellschaft? - Ist Postrassismus in einer Gesellschaft möglich?

In der Auseinandersetzung mit dieser Thematik[70] wurde für mich klar, dass die deutsche Gesellschaft nicht postrassistisch ist, da eindeutig Rassismus in Deutschland vorkommt.[71]

Parteien, wie die NPD, die AfD und Organisationen wie Pegida belegen die gesellschaftliche Existenz von Rassismus. Auch wenn sich viele Befürworter der Pegida als nicht rassistisch bezeichnen und den Kulturalismus als „Deckmantel" nutzen, sind sie doch rassistisch, da sie pauschal Menschen aufgrund einer anderen Kultur

---

66 Vgl. Espahangizi u. a., *Rassismus in der postmigrantischen Gesellschaft*, S. 16.
67 Vgl. Messerschmidt, *Postkoloniale Erinnerungsprozesse*, S. 43.
68 Vgl. Espahangizi u. a., *Rassismus in der postmigrantischen Gesellschaft*, S. 16f.
69 Ebd. S. 16
70 Vgl. Kapitel 4.2.
71 Vgl. Kapitel 2.3.

stigmatisieren und diskriminieren.

Ich sehe es als fraglich an, ob die gesamte Gesellschaft Deutschlands überhaupt postrassistisch sein kann. Solange nicht wirklich alle Mitglieder unserer Gesellschaft ein kritisches Rassismusbewusstsein entwickeln, sodass sich keiner mehr rassistisch verhält, wird ein postrassistischer Zustand nicht entstehen können. Es wird vermutlich immer Gruppen in einer Gesellschaft geben, die rassistisch sind, was in einem allgemeinen Widerspruch zu einer postrassistischen Gesellschaft steht. In Deutschland wird dies für mich beispielsweise im Kontext der „Flüchtlingskrise" durch die Haltung von Teilen der Bevölkerung klar. Wenn es Menschen in unserer Gesellschaft gibt, die aus rassistischer Überzeugung u. a. Flüchtlingsunterkünfte anzünden[72], dann kann diese Gesellschaft aus meiner Sicht auf keinen Fall postrassistisch sein.

5.2 Die Frage nach dem richtigen Umgang mit der NS-Vergangenheit

Knapp 70 Jahre nach dem Ende des Zweiten Weltkriegs und der NS-Herrschaft stellt sich noch immer die Frage, ob wir uns heute noch für die Verbrechen der NS-Vergangenheit schuldig fühlen müssen.[73] Meiner Meinung nach ist diese Frage jedoch kritisch zu sehen. Das „wir" bezieht sich auf die heute lebenden Menschen, die meist erst nach Ende des Zweiten Weltkriegs geboren worden sind und deshalb „de jure, de facto, politisch, moralisch, [sowie, L. G.] historisch"[74] keinerlei Schuld an den NS-Verbrechen tragen können[75],

---

72 Vgl. o. V.: *Festnahmen nach Brand in Flüchtlingsunterkunft* (Zeit Online).
   URL: http://www.zeit.de/gesellschaft/zeitgeschehen/2017-01/paderborn-fluechtlingsunterkunft-brand-verletzte-hoevelhof-staumuehle (12.03.17).;
   Vgl. o. V.: *Flüchtlingsheim angezündet* (welt.de).
   URL: https://www.welt.de/politik/article159443533/Fluechtlingsheim-angezuendet-Wollte-meine-Familie-schuetzen.html (12.03.17).
73 Hubertus Volmer: *Die Mär von der kollektiven Schuld* (n-tv).
   URL: http://www.n-tv.de/politik/Die-Maer-von-der-kollektiven-Schuld-article10014216.html (12.03.17).
74 o. V.: *Müssen wir uns heute noch schuldig fühlen?* (Stern).
   URL: http://www.stern.de/politik/deutschland/auschwitz-muessen-wir-uns-heute-noch-schuldig-fuehlen--3544972.html (12.03.17).
75 Vgl. Ebd.

so der Schriftsteller Ralf Giordano übereinstimmend in einer Befragung des Stern.

Die israelische Schriftstellerin und Auschwitz-Überlebende Halina Birkenbaum sagt dazu:

> *Ein Sohn kann nicht schuldig sein, wenn der Vater ein Mörder ist. Aber auf ihm klebt ein Fleck. Ein junger Deutscher hat eine Verantwortung, nie so zu sein, wie die Verbrecher damals. (...) Ich habe Auschwitz gesehen, jeden Tag, fast zwei Jahre lang, im Alter von 13 bis 15 Jahren. Ich habe die Züge gesehen, die die Menschen gebracht haben, und den Geruch von verbrannten Menschen immer bei mir behalten. (...) Deutsche Jugendliche fühlen sich schuldig und identifizieren sich mit meinem Leiden. (...) Es schmerzt, wenn heute Deutsche behaupten: "Das gab es nie." Wer zulässt, dass junge Neonazis wieder "Heil Hitler" brüllen, der muss sich schuldig fühlen.*[76]

Schuldig sind laut des Historikers Heinrich August Winkler diejenigen, die mitgewirkt haben bei der Ermordung der Minderheiten oder sich bei deren Diskriminierung beteiligt haben.[77] „Eine Schuld der Nachlebenden gibt es nicht"[78], betont Winkler. Aber für uns heute und die nachfolgenden Generationen ist meiner Ansicht nach folgendes wichtig: Wir sind vielleicht nicht schuld an den Verbrechen der NS-Zeit aber dennoch tragen wir alle eine Verantwortung und moralische Pflicht der NS-Verbrechen zu Gedenken, um zu gewährleisten, dass so etwas niemals wieder passieren kann.[79] Das ist aber noch nicht alles, denn „aus der historischen Schuld ist eine bleibende Verantwortung der Deutschen erwachsen"[80], welche darin besteht, den Opfern und Betroffenen Respekt entgegenzubringen und ihr Leid angemessen zu würdigen. Für mich ist das die Voraussetzung, um Rassismus heute auch entgegenwirken zu können.

76 Ebd.
77 Vgl. Ebd.
78 Ebd.
79 Vgl. Ebd.
80 Ebd.

5.3 Wie gelingt eine gute Auseinandersetzung mit Rassismus?

Es glauben große Teile der Deutschen in einer postrassistischen Gesellschaft zu leben, da sie den Rassismus mit der NS-Vergangenheit als abgeschlossen ansehen.[81] Das ist jedoch ein großer Fehler, denn deswegen fehlt in unserer Gesellschaft meist ein Rassismusbewusstsein. Dieser Umstand macht es Rassismus möglich unsichtbar zu existieren.[82] Genau dieser unsichtbaren Existenz sollte entgegengewirkt werden. Ziel sollte also des weiteren die Entwicklung eines kritischen Rassismusbewusstseins sein.

Rassismen kamen in der deutschen Geschichte beispielsweise im Kolonialismus ebenso vor, wie im Nationalsozialismus.[83] Es ist daher besonders wichtig, dass eine allgemeine Auseinandersetzung mit Rassismus stattfindet. Auch im heutigen Kontext sollte das Thema noch intensiver bearbeitet werden. Nur so können wir verdeutlichen, dass es auch jetzt noch Rassismus gibt und gleichzeitig aufzeigen, wie wichtig es ist eben diesem in der heutigen Zeit entgegenzuwirken. Diese Auseinandersetzung sollte u. a. in der Schule, der Politik, der Öffentlichkeit, den Medien aber auch Zuhause und im privaten Umfeld stattfinden. Dieses Seminarfach hat mir gezeigt, dass die kritische Auseinandersetzung mit Rassismus teilweise zwar schon stattfindet aber längst noch nicht ausreicht. An dieser Stelle ist mir klar geworden, wie wichtig es ist möglichst viele Menschen zu erreichen, um ein Bewusstsein zu schaffen für vorhandenen Rassismus. Mein Wunsch ist es, dass sich mehr Menschen kritisch mit Rassismus damals und heute auseinandersetzen, um eine wirksame Kraft gegen Rassismus zu bilden.

Abschließend möchte ich noch eines sagen: Es gibt keine bessere Antwort auf jegliche Rassismen, als den ersten Artikel unseres Grundgesetzes: „Die Würde des Menschen ist unantastbar"[84]. Das zu

---

81 Vgl. Messerschmidt, *Postkoloniale Erinnerungsprozesse*, S. 43f.
82 Vgl. 4.2.
83 Vgl. Messerschmidt, *Rassismusanalyse*, S. 62f.
84 Deutscher Bundestag (Hrsg.), *Grundgesetz*, S.15.

beachten und umzusetzen ist das Wichtigste. Dies war nach 1945 die richtige Antwort auf Rassismus und ist es auch heute noch. Menschen können vielleicht verschieden aussehen, also beispielsweise unterschiedliche Hautfarben haben, aber es sagt nach meiner Überzeugung nichts darüber aus, ob ein Mensch besser oder schlechter ist. Egal,wie verschieden wir auch aussehen mögen oder von wie vielen verschiedenen Orten der Welt wir kommen mögen, wir alle sind Menschen.

6. Quellenverzeichnis

6.1 Literaturverzeichnis

Balibar, Etienne/Wallerstein, Immanuel: *Rasse Klasse Nation. Ambivalente Identitäten*. 3. Auflage. Hamburg: Argument Verlag, 2014.

Deutscher Bundestag (Hrsg.): *Grundgesetz für die Bundesrepublik Deutschalnd*. Berlin: Deutscher Bundestag, 2016.

Espahangizi, Kijan u. a.: *„Rassismus in der postmigrantischen Gesellschaft"*. In: movements, 2 (2016), H. 1, S. 9-23.

Hall, Stuart: *„Rassismus als ideologischer Diskurs"*. In: Das Argument, 31 (1989), H. 6, S. 913-921.

Hund, Wulf D.: *Rassismus*. Bielefeld: transcript Verlag, 2007.

Mecheril, Paul: *„Die Normalität des Rassismus"*. In: Überblick 13 (2007), H. 2, S. 3-9.

Messerschmidt, Astrid: *„Postkoloniale Erinnerungsprozesse in einer postnationalsozialistischen Gesellschaft – vom Umgang mit Rassismus und Antisemitismus"*. In: PERIPHERIE, 28 (2008), H.109/110, S. 42-60.

Messerschmidt, Astrid: *Rassismusanalyse in einer postnationalsozialistischen Gesellschaft*. In: Rassismuskritik Band 1: Rassismustheorie und -forschung, Melter, Claus/Mecheril, Paul (Hrsg.). 2. Auflage. Schwalbach: WOCHENSCHAU Verlag, 2011, S. 59-74.

Müller, Heinz: *Anti-rassistische Pädagogik*. In: Handbuch Kritische Pädagogik, Bernhard, Armin/Rothermel, Lutz (Hrsg.). Weinheim: Deutscher Studienverlag, 1997, S. 357-370.

Sow, Noah: *Deutschland Schwarz Weiss. Der alltägliche Rassismus*. 4. Auflage. München: Goldmann Verlag, 2009.

Weiß, Anja: *Antirassistisches Engagement und strukturelle Dominanz: was macht weißen Deutschen die Auseinandersetzung mit Rassismus so schwer?* In: Suchbewegungen: interkulturelle Beratung und Therapie. Band 40, Valera, María del Mar Castro/Vogelmann, Sivlia/Schulze, Sylvia/Weiß, Anja (Hrsg.). Tübingen: DGVT Verlag, 1998, S. 275-285.

Wildt, Michael: *„Verdrängung und Erinnerung"*. In: Informationen zur politischen Bildung, 3 (2012), H. 316, S. 68-79.

6.2 Internetquellenverzeichnis

Annegret Ehmann/Hanns-Fred Rathenow: *Nationalsozialismus und Holocaust in der historisch-politischen Bildung* (Lernen aus der Geschichte). URL: http://lernen-aus-der-geschichte.de/Lernen-und-Lehren/content/8166 (12.03.17).

Christian Staas: *Jugendliche und NS-Zeit. Was geht mich das noch an?* (Zeit Online). URL: http://www.zeit.de/2010/45/Erinnern-NS-Zeit-Jugendliche/komplettansicht (12.03.17).

Hubertus Volmer: *Hitlers Komplizen. Die Mär von der kollektiven Schuld* (n-tv). URL: http://www.n-tv.de/politik/Die-Maer-von-der-kollektiven-Schuld-article10014216.html (12.03.17).

Jan Jetter: *NS-Zeit thematisieren? „Nicht schon wieder..."* (Zeit Online). URL: http://blog.zeit.de/stoerungsmelder/2007/11/22/ns-zeit-thematisieren-nicht-schon-wieder_118 (12.03.17).

Marc Pitzke: *Obama und Ferguson-Unruhen. Der geplatzte Traum des Barack Obama* (Spiegel Online).
URL: http://www.spiegel.de/politik/ausland/barack-obama-und-die-unruhen-in-ferguson-der-gehemmte-us-praesident-a-987043.html (12.03.17).

Martin Klingst: *Das post-rassistische Zeitalter ist noch fern* (Zeit Online). URL: http://www.zeit.de/politik/ausland/2009-09/obama-rassismus-usa (12.03.17).

Martin von Braunschweig: *Zwei Männer vor Gericht. Flüchtlingsheim angezündet - „Wollte meine Familie schützen"* (welt.de).
URL: https://www.welt.de/politik/article159443533/Fluechtlingsheim-angezuendet-Wollte-meine-Familie-schuetzen.html (12.03.17).

o.V.: post-racial (o.D.), In: *Oxford Dictionaries*.
URL: https://en.oxforddictionaries.com/definition/us/post-racial (12.03.17).

o. V.: *Müssen wir uns heute noch schuldig fühlen?* (Stern).
URL: http://www.stern.de/politik/deutschland/auschwitz-muessen-wir-uns-heute-noch-schuldig-fuehlen--3544972.html (12.03.17).

o. V.: *Festnahmen nach Brand in Flüchtlingsunterkunft* (Zeit Online).
URL: http://www.zeit.de/gesellschaft/zeitgeschehen/2017-01/paderborn-fluechtlingsunterkunft-brand-verletzte-hoevelhof-staumuehle (12.03.17).

Peter Brandt: *Die Auseinandersetzung Deutschlands mit dem Nationalsozialismus nach 1945* (GlobKult Magazin).
URL: http://www.globkult.de/geschichte/zeitgeschichte/479-die-auseinandersetzung-deutschlands-mit-dem-nationalsozialismus-nach-1945 (12.03.17).

Sabine Moller: *Familiengedächtnis und NS-Vergangenheit in Deutschland* (bpb.de).
URL: http://www.bpb.de/geschichte/zeitgeschichte/die-wohnung/196963/familiengedaechtnis-und-ns-vergangenheit-in-deutschland#footnode14-14 (12.03.17).

Wolfgang Sander: *1945 bis heute: Von Anfang bis PISA* (bpb.de).
URL: http://www.bpb.de/gesellschaft/kultur/politische-bildung/193808/1945-bis-heute-von-anfang-bis-pisa?p=all (12.03.17)